D1730525

Als Gott, der Herr, die Erde machte

Als Gott, der Herr, die Erde machte

Pattloch

Im Anfang
schuf Gott den Himmel
und Erde.
Die Erde war wüst und leer;
es gab noch keinen Steppenstrauch
und Grünkraut sproßte noch nicht
auf dem Felde.

Als Gott, der Herr, die Erde machte
und den Himmel,
lag Finsternis über der Urflut
und der Geist Gottes schwebte über
den Wassern.

Da sprach Gott:
Es werde Licht.
Es sollen Leuchten werden
am Gewölbe des Himmels,
um zu scheiden
zwischen der Nacht und dem Tag,
und sie sollen als Zeichen dienen
sowohl für die Festzeiten als auch
für die Tage und Jahre.

Gott trennte Licht von Finsternis
er nannte das Licht Tag,
die Finsternis aber Nacht.
Es ward Abend und es ward Morgen:
ein Tag.

Im Anfang
war noch kein Mensch da,
den Boden zu bebauen.
Nur Feuchtigkeit stieg von der Erde auf
und wässerte die gesamte Fläche
des Erdbodens.

Dann sprach Gott:
Es entstehe ein festes Gewölbe
inmitten der Wasser,
und es bilde eine Scheidewand
zwischen den Wassern!

Gott sprach:
„Es werde das Wasser unterhalb des Himmels
an einem Ort gesammelt,
und das Trockene werde sichtbar!"
Und so geschah es.
Gott nannte das Trockene, Erde,
und das zusammengeflossene Wasser
nannte er Meer.
Und Gott sah, daß es gut war.

Gott sprach:
Die Erde lasse Grünes hervorsprießen,
Samen tragende Pflanzen sowie Fruchtbäume,
die Früchte bringen nach ihrer Art.
Lieblich zum Anschauen
und gut zur Nahrung.

Dann sprach Gott:
Es sollen wimmeln
die Gewässer von Lebewesen
und Vögel am Himmelsgewölbe
fliegen über die Erde.
Gott schuf die großen Seetiere
und alle sich regenden, lebendigen Wesen.

Gott segnete die Tiere
und sprach:
Seid fruchtbar und mehret euch
und erfüllt das Wasser in den Meeren.
Die Vögel aber mögen sich vermehren auf Erden.

Gott bildete die Feldtiere,
das Vieh und alle Kriechtiere des Erdbodens
jeweils nach ihren Arten.
Und Gott sah, daß es gut war.

Gott, der Herr,
brachte alle Tiere des Feldes
und alle Vögel des Himmels
zum Menschen
um zu sehen, wie er sie benennen würde
und ganz wie der Mensch jedes Lebewesen benannte,
so lautete sein Name.

Allem Getier des Feldes
und allen Vögeln des Himmels
und allen am Boden kriechenden Tieren,
in denen Lebenshauch atmet,
gab Gott die grünenden Pflanzen
zur Nahrung.
Und es geschah so.

Gott sah alles,
was er gemacht hatte,
und fürwahr es war sehr gut.
Gott ruhte am siebten Tag von all seinem Werk,
das er vollbracht hatte.
Er segnete den siebten Tag und heiligte ihn.
Denn an ihm hat er von all seinem Werk geruht.

Wer war es,
der die Erde gründete.
Wer hat ihre Maße festgesetzt.
Wer hat über ihr die Meßschnur angespannt.
Worauf sind ihre Sockel eingesenkt.
Wer setzte ihr den Eckstein auf.
Und wer verschloß das Meer mit Türen,
als schäumend es aus seinem Mutterschoße quoll.

Gott, der Herr, ist es
der den Mond erschuf zum Zeitenmaß,
die Sonne kennt die Stunde ihres Untergangs.
Gras läßt er sprießen für das Vieh,
Gewächse für die Feldarbeit des Menschen,
um Brot aus der Erde hervorzubringen.
Wie zahlreich sind doch seine Werke.
Er schuf sie alle in Weisheit.
Erfüllt ist die Erde von seinem Eigentum.

Gott, der Herr, ist es
der in die Täler Quellen entsendet;
Zwischen den Bergen rieseln sie hin.
Allen Tieren des Feldes spenden sie Trank.
Daneben nisten die Vögel des Himmels,
sie singen ihr Lied aus den Zweigen.
Gott, der Herr, ist es
der die Berge tränkt aus seinen Kammern.
Vom Segen seiner Schöpfungswerke
wird die Erde satt.

Gott hat die Erde weit gemacht
und dem Wasser im Meere eine Wohnung angewiesen.
Er hat den Himmel angespannt
und die Sterne an ihren Platz gestellt.
Er hat die Schöpfung gegründet und sie aufgerichtet.
Es gibt nichts, was abseits wäre vom Herrn,
denn er ist gewesen
bevor überhaupt irgend etwas war
und die Welten sind durch sein Wort geworden.

Ehe die Berge geboren wurden,
Erde und Welt entstanden,
von Ewigkeit zu Ewigkeit bist du,
o Gott.

Der Himmelshöhe Schönheit,
ist das klare Firmament,
und herrlich ist die Himmelsfeste anzusehen.
Sobald die Sonne aufgeht,
spendet sie Wärme;
wie staunenswert ist dieses Werk des Herrn.

Lobt den Herrn vom Himmel her,
lobt ihn in den Höhen.
Lobt ihn, Sonne und Mond,
lobt ihn, ihr leuchtenden Sterne alle.
Lobt ihn, ihr höchsten Himmel
und ihr Wasser über dem Himmel.
Feuer und Hagel, Schnee und Nebel,
du Sturmwind, der sein Wort vollzieht.
Berge und all ihr Hügel,
Fruchtbäume und Zedern insgesamt.
Wilde Tiere und alles Vieh,
Kriechtiere und beschwingte Vögel.
Den Namen des Herrn sollen sie loben.
Denn erhaben ist sein Name allein.

Herr, wie gewaltig ist dein Name
auf der ganzen Erde.
Besungen wurde deine Pracht am Himmel.
Wenn ich deinen Himmel schaue,
das Werk deiner Hände,
den Mond und die Sterne,
die du befestigt hast;
Was ist dann der Mensch
daß du seiner gedenkst,
das Menschenkind,
daß du seiner dich annimmst?

Bildnachweis
Günther Baumann, München (2)
Alfred Hieber, Gundelfingen (1)
Ludwig Reisner, Gundelfingen (19)
Archiv Pattloch, Aschaffenburg (1)

© 1985 Paul Pattloch Verlag, Aschaffenburg
Alle Bibelzitate nach der Übersetzung von Hamp, Stenzel,
Kürzinger, Pattloch Verlag
Satz: Rehe GmbH, Aschaffenburg
Reproduktion: Westermann, Braunschweig
Druck und Einband: Wiener Verlag, Himberg bei Wien
ISBN 3-557-91327-9